Dieses Album gehört

_____

&

_____

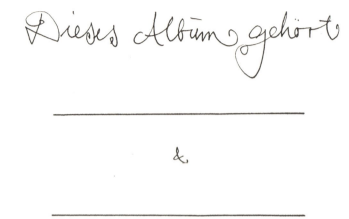

Wir danken den Autoren Frantz Wittkamp und Peter Torsten Schulz
für die freundliche Genehmigung zum Abdruck. Copyright bei den Autoren.

15 14   19 18 17
Wir zwei
ISBN 978-3-8157-2599-3
Illustrationen von Silke Leffler
Text von Gerlinde Wermeier-Kemper
© 2002 Coppenrath Verlag GmbH & Co. KG,
Hafenweg 30, 48155 Münster
Alle Rechte vorbehalten
Printed in China
www.coppenrath.de

Ein Erinnerungsalbum für dich und mich

Mit Bildern von Silke Leffler

Herausgegeben von
Gerlinde Wermeier-Kemper

Wo, wenn nicht hier?
Wann, wenn nicht jetzt?
Wer, wenn nicht wir?

COPPENRATH VERLAG

Unsere erste Begegnung

Seit ich ihn gesehen,
glaub ich blind zu sein:
wo ich hin nur blicke,
seh ich ihn allein.
Wie im wachen Traume
schwebt sein Bild mir vor,
taucht aus tiefstem Dunkel
heller nur empor.

Sonst ist licht- und farblos
alles um mich her,
nach der Schwestern Spiele
nicht begehr ich mehr.
Möchte lieber weinen
still im Kämmerlein;
seit ich ihn gesehen,
glaub ich blind zu sein.

Adelbert von Chamisso

Was war der Anlass? · An welchem Ort? · An welchem Tag? · Wer war noch dabei? · Gibt es ein Foto?
Mein erster Eindruck von dir · Dein erster Eindruck von mir

Unsere erste Verabredung

Kaum treffen wir zusammen,
da ist es schon geschehen,
da stehen wir in Flammen,
und jeder kann es sehen.

Frantz Wittkamp

Wer hat wen eingeladen? · Was haben wir unternommen? · Wie du mein Herz erobert hast · Wie ich dein Herz erobert habe

Der erste Kuss

Karl gab Julchen einen Kuss
unterm Schirm beim Regenguss.
Julchen wurde sehr verlegen,
nahm es dann entsetzlich krumm.
Und nun schaut's, ist Karl zugegen,
immer sich nach Regen um.

Anonym

Frisch verliebt – Die erste Zeit zu zweit

Oh zarte Sehnsucht, süßes Hoffen,
der ersten Liebe gold'ne Zeit.
Das Auge sieht den Himmel offen,
es schlägt das Herz in Seligkeit.
Ob dass sie ewig grünen bliebe,
die schöne Zeit der jungen Liebe.

Friedrich Schiller

Was haben wir unternommen? · Wo haben wir gewohnt? · Gedanken und Gefühle

Unser Lied

Wie heißt unser Lieblingslied? · Wer singt es? · Wann und wo haben wir es zum ersten Mal gehört?
Haben wir andere Gemeinsamkeiten und Rituale?

Unser Lieblingsplatz

Zweifle an der Sonne Klarheit,
zweifle an der Sterne Licht,
zweifle an dem Geist der Wahrheit,
doch an meiner Liebe zweifle nicht.

> Nach William Shakespeare, aus: Hamlet

Ein Platz, ein Ort, ein Land, an dem wir
besonders gerne sind und mit dem wir
schöne Erinnerungen verbinden

Unser erster gemeinsamer Ausflug

Die Welt war still und rund und weit
und wollte sich nicht mehr bewegen,
und schweigend haben wir zu zweit
im grünen, grünen Gras gelegen.

Frantz Wittkamp

Wohin ging es? · Was haben wir unternommen? · Gibt es Fotos?

Unsere erste gemeinsame Reise

Wer auf Pfaden der Liebe geht, dem erscheinen tausend Meilen wie eine einzige.

Japanisches Sprichwort

Wohin ging die Reise? · War es ein Hotel- oder Campingurlaub?
Was haben wir erlebt? · Haben wir die gleichen Urlaubsinteressen? · Gab es auch Unstimmigkeiten?

Unsere gemeinsamen Interessen

Zwei

Zwei sind von allem der Anfang

Zwei machen alles zur Hälfte
Zwei sind, was einer nicht kann

Zwei sind durch eins und sich teilbar
Zwei messen sich ohne Maß

Zwei stehn im Gegensatz zu sich
Zwei trinken aus einem Glas

Zwei sind der Sinn aller Sinne
Zwei sind das eine Extrem

Zwei lösen immer ein Rätsel
Zwei sind ein schönes Problem

Peter Torsten Schulz

Welche gemeinsamen Interessen und Hobbys haben wir? · Was machen wir lieber getrennt?

Worin wir uns nicht einig waren

Du hast das Glück studiert.
Ich kann es nicht begreifen.
Du sagst, es ist kariert.
Mein Glück hat aber Streifen.

          Frantz Wittkamp

Worum ging es bei unserem ersten richtigen Streit? · Oder haben wir uns noch nie gestritten?
Wie schnell vertragen wir uns wieder? · Haben wir Versöhnungsrituale?

Erstes Zusammentreffen mit der Familie

Wie hast du meine Familie kennen gelernt? · Wie habe ich deine Familie kennen gelernt?
An welchem Ort? · Waren wir uns gleich sympathisch?

Die erste Familienfeier

Zu welchem Anlass? · Wo fand sie statt? · Was hat sich ereignet?

Gemeinsame Reisen

Nur wer die Sehnsucht kennt,
weiß, was ich leide!
Allein und abgetrennt
von aller Freude,
seh ich ans Firmament
nach jener Seite.
Ach, der mich liebt und kennt,
ist in der Weite.
Es schwindelt mir, es brennt
mein Eingeweide.
Nur wer die Sehnsucht kennt,
weiß, was ich leide!

       Johann Wolfgang von Goethe

Gemeinsame Reisen

Du und ich, wir schauen zu,
wie die Sonne untergeht.
Abendsonne. Ich und du.
Auf der Kugel, die sich dreht.

        Frantz Wittkamp

Schöne Erlebnisse

Schöne Erlebnisse

Wir und unsere Freunde

Man kann auf vieles verzichten, nur nicht auf Freunde.
Chinesisches Sprichwort

Im Freundeskreis

Freundschaft ist eine Seele in zwei Körpern.

Aristoteles

Wenn zwei gute Freunde sind, die einander kennen,
Sonn und Mond begegnen sich, ehe sie sich trennen.

Aus: Des Knaben Wunderhorn

Wen sehen wir häufiger? · Was unternehmen wir zusammen?

Im Freundeskreis

Kurze Besuche verlängern die Freundschaft.

Sprichwort

Im Freundeskreis

Ich habe begriffen, dass es reicht
wenn man mit den Menschen
zusammen ist, die man mag.

                      Walt Whitman

Wir ziehen zusammen

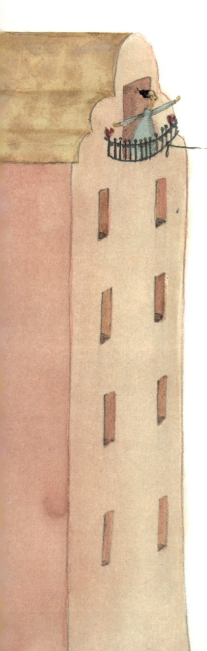

Ich und du

Wir träumten voneinander
und sind davon erwacht,
wir leben, um uns zu lieben,
und sinken zurück in die Nacht.

Du tratst aus meinem Traume,
aus deinem trat ich hervor,
wir sterben, wenn sich eines
im andern ganz verlor.

Auf einer Lilie zittern
zwei Tropfen rein und rund,
zerfließen in eins und rollen
hinab in des Kelches Grund.

                Friedrich Hebbel

Wann haben wir uns entschlossen? · Wie lange haben wir in getrennten Wohnungen gelebt?

Unsere erste gemeinsame Wohnung

Wenn Mann und Frau auch
auf dem gleichen Kissen schlafen,
so haben sie doch unterschiedliche Träume.

Mongolisches Sprichwort

Wie haben wir sie gefunden? · Was hat sie gekostet?
Wie war sie eingerichtet? · Welche Möbel hatten wir? · Wie lange haben wir in ihr gewohnt?
Was gibt es von der Umgebung und den Nachbarn zu berichten?

Wir wollen zusammen bleiben

Der Mensch allein ist unvollkommen.
Er braucht einen zweiten um glücklich zu sein.

        Blaise Pascal

Haben wir schon Zukunftspläne geschmiedet? · Wie stellen wir uns unsere gemeinsame Zukunft vor?

Der Heiratsantrag

Die Liebe war nicht geringe.
Sie wurden ordentlich blass;
sie sagten sich tausend Dinge
und wussten noch immer was.

Sie mussten sich lange quälen,
doch schließlich kam's dazu,
dass sie sich konnten vermählen.
Jetzt haben die Seelen Ruh.

Bei eines Strumpfes Bereitung
sitzt sie im Morgenhabit;
er liest in der Kölnischen Zeitung
und teilt ihr das Nötige mit.

Wilhelm Busch

Wer hat wem einen Heiratsantrag gemacht? · In welcher Form? · Wie haben Eltern und Freunde reagiert?

Der Hochzeitstermin steht fest

Wie und wann haben wir den Termin festgelegt? · Haben wir uns verlobt?
Wo haben wir unsere Ringe ausgesucht? · Wie sehen sie aus?

Unsere Einladungskarte

Wie und wem haben wir unser Glück verkündet? · Gab es eine Anzeige?

Wir auf dem Standesamt

Wie ist die Trauung abgelaufen? · Waren wir sehr aufgeregt? · Wer war dabei? · Gab es auch Tränen?

Wir auf dem Standesamt

Oh glücklich, wer ein Herz gefunden,
das nur in Liebe denkt und sinnt
und, mit der Liebe treu verbunden,
sein schönres Leben erst beginnt!
Wo liebend sich zwei Herzen einen,
nur eins zu sein in Freud und Leid,
da muss des Himmels Sonne scheinen
und heiter lächeln jede Zeit!

A. H. Hoffmann von Fallersleben

Seht nur, wie glücklich wir sind!

Wir heiraten in der Kirche

Ich will bei dir bleiben;
denn wo du hingehst,
will auch ich hingehen,
wo du bleibst, da bleibe ich auch.

Ruth 1,16

In welcher Kirche war die Trauung? · Wie heißt der Pastor? · Wie lautet unser Trauspruch?
Wie sahen das Brautkleid und der Brautstrauß aus?

Unsere Trauzeugen

Die Liebe erträgt alles,
glaubt alles, hofft alles, hält allem stand.
Die Liebe hört niemals auf.

    1. Brief an die Korinther 13,7

Wie heißen sie und was machen sie im Leben? · Warum haben wir gerade sie ausgewählt?

Bildergalerie von der Trauung

Die Liebe hemmet nichts,
sie kennt nicht Tür noch Riegel
und dringt durch alles sich.
Sie ist ohn Anbeginn, schlug ewig ihre Flügel
und schlägt sie ewiglich.

  Matthias Claudius

Unser schönstes Hochzeitsfoto

So haben wir unser neues Glück gefeiert

Wo und wie lange haben wir gefeiert? · Wer war mit dabei? · Wer spielte die Hochzeitsmusik? · Gab es einen Hochzeitswalzer? Welche Überraschungen gab es? · Hat jemand eine Rede gehalten?

Unser Hochzeitsmenü

Hatten wir eine Menükarte? · Gab es eine Lieblingsspeise?

… und weiter gefeiert …

Platz für die schönsten Schnappschüsse

... noch mehr Fotos ...

Glückwünsche

Dem glücklichen Paar
Ihr sollt stets 1 sein
Ihr sollt euch nicht ent-2-en.
Ihr sollt euch stets 3 bleiben
und euch immer gut 4-en.
Ihr sollt auch mal 5 gerade sein lassen
und eure 6-er zusammenhalten.
Ihr sollt eure 7 Sachen
in 8 nehmen.
Ihr sollt nicht immer 9 sagen
und euch nie die 10-e zeigen.

          Volkstümlich

Glückwünsche

_____

_____

Der "Onkel" aus: _____

_____

_____

Freunde aus: _____

Die "Tante" aus: _____

Glückwünsche

_____

_____

Die "Tante" aus:

_____

Onkel & Tante aus:

_____

_____

Die Freundinnen aus:

_____

Unsere Geschenke

Worüber haben wir uns ganz besonders gefreut? · Was war das lustigste Geschenk?

Unsere Hochzeitsreise

Wohin sind wir gereist? · Was haben wir erlebt?

Unsere Hochzeitsreise

Platz für jede Menge romantischer Fotos

Ein Familienfoto

Familien-Bildergalerie

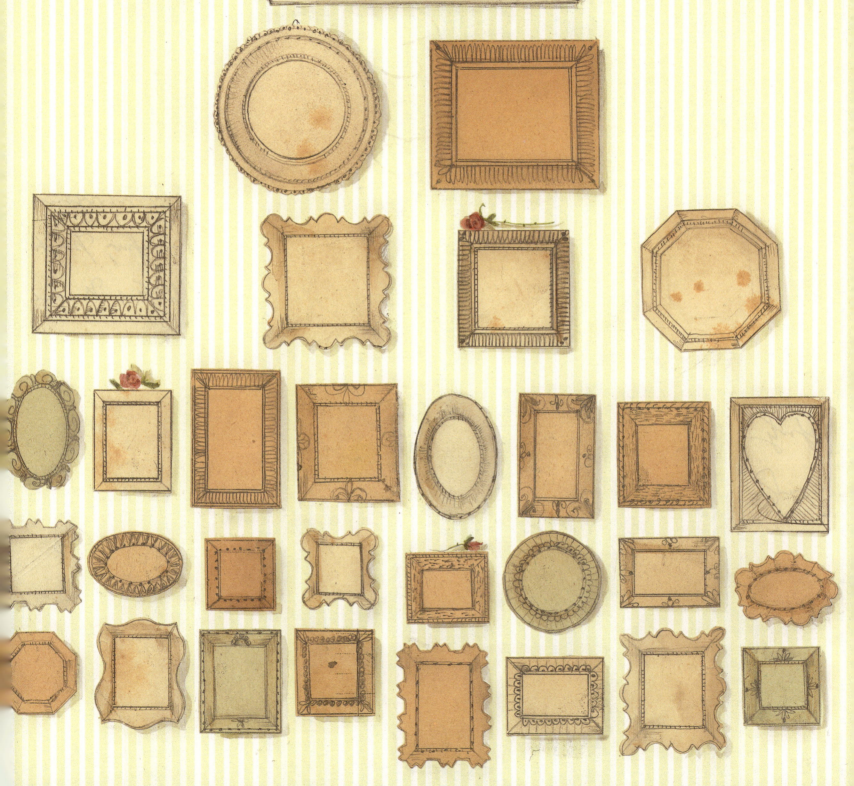

In der Familie

In der Familie

Heimat ist unerlässlich, aber sie
ist nicht an Ländereien gebunden.
Heimat ist der Mensch, dessen Wesen
wir vernehmen und erreichen.

        Max Frisch

Die lieben Kleinen

Die lieben Kleinen

Drei Dinge sind uns aus dem Paradies geblieben:
Sterne, Blumen und Kinder.

Dante Alighieri

Ein besonderer Tag

Ich bin mir meiner Seele
in deiner nur bewusst,
mein Herz kann nimmer ruhen
als nur an deiner Brust!
Mein Herz kann nimmer schlagen,
als nur für dich allein.
Ich bin so ganz dein eigen,
so ganz auf immer dein.

                    Theodor Storm

Erinnerungen z. B. an unseren ersten Hochzeitstag, unseren zweiten . . ., unseren „Jahrestag" . . .

Ein besonderer Tag

Die Seite für sie

Für alles, was ihr wichtig ist!

Die Seite für ihn

Für alles, was ihm wichtig ist!

Schöne gemeinsame Erinnerungen

Wer das Glück genießen will, muss es teilen,
denn es wurde als Zwilling geboren.

    Lord Byron

Schöne gemeinsame Erinnerungen

Noch mehr Erinnerungen

Du bist ich, und ich bin du,
gestern, heute, immerzu.
Ich bin du, und du bist ich,
immerzu, ich liebe dich.

        Frantz Wittkamp

Noch mehr Erinnerungen

Ich verkünde und erkläre,
dass ich zwar kein König bin,
aber wenn ich König wäre,
wärest du die Königin.

        Frantz Wittkamp